Flut und Nebel
Gedichte

Christoph Sebastian Widdau

Den Entschwindenden

Inhalt

Februar

Die Schattenschlinge

Als die hegende Mondnacht nicht jeden fand
Sich träumend in ihr zu erschöpfen
Erschien eine Schlinge, sie rief von der Wand
Sich, zur Stund' noch, in ihr aufzuknöpfen

Kein Blinzeln vertrieb sie, kein Streich mit der Hand
Ihr Ursprung war nicht zu entdecken
Kein Licht, keine Kerz' in der Stube, kein Brand
Nur Dunkel, um sich zu verstecken

Die Schlinge, sie hing, kein Körnchen aus Sand
Mit dem sie hinabrieseln wollte
Als Schatten sacht wog sie, im windstillen Land
Dem der Schiffer entfliehen sollte

Als die kenternde Nacht die Sterne entband
Stach Licht in ein müdes Gesicht
Wo die Schlinge gewesen, in Worten nun stand
Woran der Schiffer einst brach und bricht

Die Schattenschlinge, aus der sich entwand
Nur der, der schon in ihr gehangen
Und so liegt seit jeher am Sinnenrand
Auch sie, die längst gegangen

Juni

Inmitten

Wogeninn'res sollst du sein
Als Brausen schäumend kosen – *schlag*
Als Fluten schluckend tosen – *schlag*
Als Branden klüftend schrei'n

Inmitten als Inmitten sein
Sei Welle, Daseinsschwelle – *tränke*
Trink', schleudernd, auf die Schnelle – *schlag*
– Im Schlage taubt Gewein'

Hafenkneipe, frühe Stunde

Vom Tresen kracht ein Glas, es bricht
In Stück' und Stück', in Stücke
Das jemand jäh aus Fingern rann
Als der 'ne Lebensbahn ersann
Ein Stück, gespielt wird nicht

Vom Hocker rutscht 'ne Seel', die bricht
In Stück' und Stück', in Stücke
Des Stückend' Stunde pocht und schlägt
Als der ein garstig' Lied vorträgt
Ein Stück, gespielt wird nicht

Vom Licht entfacht sein Aug', es bricht
In Stück' und Stück', in Stücke
Das zittert ziellos, netzt und bangt
Im Nebelraum, es stiert und schwankt
Ein Stück, gespielt wird nicht

Im Meer, nah'bei, die Well', sie bricht
In Stück' und Stück', in Stücke
Man hört sie nicht, die Frau im Boot
Die sich abstößt und kreischt in Not
Gespiel', gestückt wird nicht

Der Segler bricht

Der Segler wuchtet, windbestürmt
Sich durch die schwersten Brecher
Das Wasser, das sich streckt und türmt
Ist Schinder, Schläger, Rächer

Der Segler stemmt sich, sturmbedroht
Durch Flutwut, die ihn hascht
Durch Flutglut, die ihn kascht
Kein Strom schallt landwärts Not

Der Segler fällt und bricht in Glieder
Die Tiefe schluckt das bißchen Rot
So stillt der unausweichlich' Tod
Des Meeres Blutdurst wieder

Redder und Twiete

O Redder, o Redder, in dein Gesträuch
Schlag' ich mich ab vom Wege
Mich schmiegend niederlege
Ein Hauch ist hier Geräusch

O Redder, o Redder, in deinem Gesträuch
Schlag' ich aus meine Schuld
Des Leibes wuchernd' Ungeduld
Als wär' mein Sinnen keusch

O Redder, o Redder, in deinem Gesträuch
Erschlägt die Ahnung der Twiete
In der ich, starrend, niederkniete
Entseelt' Gebein in Stein

Männlicher Akt

Im Sonnenglast sinkst du
Wie ein Bündel, nackt
Von einer Bank, in Ruh'
Da eine Möwe hackt

Ein Mantel rutscht
Wie Blut von der Haut
Ein Kind lahm lutscht
Ein Eis, schmatzt laut

Ein Leib schlägt dumpf
Wie stummes Gellen
Splitter, Glieder, Rumpf
Angelruten schnellen

Blanke Brust, begeifert
Schlaf könnte es sein
Eine Dame eifert
Kein Schiff fährt mehr ein

Klabautermann

Klabautermann, die Kraft ist groß
Das Segel aufzurichten
Klabautermann, ich zieh' nun los
Den Meergott abzurichten

Klabautermann, ich trag' so schwer
An meiner fetten Reuse
Klabautermann, das Fass ist leer
Die Dämm'rung wird zur Schleuse

Klabautermann, ich gleite blind
Auf trügerischen Wellen
Klabautermann, die Weiten sind
Des Meeressklaven Zellen

Der Fisch

Der Fisch, er zappelt längst nicht mehr
Auf stummgeword'ner Diele
Schon Stunden ist sein Schlagen her
Sein Kampf ums erste Ziele

Der Fisch, er liegt im fahlen Gang
Auf schwarzgefärbter Diele
Schon Stunden hört man nah Gesang
Triumphgeschrei im Spiele

Der Fisch, zur Schaufel findet er
Im kühlen Sonnemorgen
Da klagt ein Wer: Ich kehr' und kehr'
Um Unrat zu entsorgen

Wenn der Turm noch nicht feuert

Wenn der Turm noch nicht feuert
Dann finden sie sich
Am Turm und erröten zu Küssen
Wenn der Turm noch nicht feuert
Dann schenken sie sich
Sei's im Schein oder in Wolkengüssen

Wenn der Turm noch nicht feuert
Dann streifen sie ab
Zwei Ringe von reuenden Fingern
Wenn der Turm noch nicht feuert
Dann seh'n sie hinab
Beim brennenden Näheschlingern

Wenn der Turm schießt und feuert
Sein Licht scharf aufs Meer
Wird's geschieden in Teile
Für eine nachtfinst're Weile
Doch eint, unvermeidlich
Im Dämmern Begehr

Über die Planke

Auf der knarzenden Planke
Wird Weite zu Tiefe
Schmeckt Garn wie Hiefe
Wird eins eine Menge
Und Breite zu Länge

Auf der knarrenden Planke
Färbt Gräue in Bläue
Wird Trug zu Treue
Klingt Bild im Ton
Wird Gott zum Sohn

Auf der ächzenden Planke
Wird Leib zu Fleisch
Grellt Schwarzes bleich
Wird Sprung zu Gang
Stummt Abgesang

Oktober

Flut und Nebel

Flut und Nebel, Sandkornknebel
An dieser Küste Schweigen
Wie sich die Halme neigen
Zugrund’, zugrund’, zugrunde

Nebel und Flut, der Krähen Wut
An dieser Küste Keifen
Wie Blüten schamhaft reifen
Zugrund’, zugrund’, zugrunde

Nebelnde Flut, so ziehe mein Blut
In diesen Küstengrunde
Dass feuchtversunken grell entfährt
Ein Ruf aus meinem Munde

Des Hafens Melodie

Des Hafens Melodie erklingt
Durchdringt die kahle Stube
Ein Möwenschrei, ein Wasserwurf
Ein Wind ein Knarzen bringt

Des Hafens Melodie erschallt
Durchdringt mit seiner Leier
Ein Tongewirr, Matrosenschrei
Schiffsladung niederknallt

Des Hafens Melodie durchdringt
Sekunden bloß die Ahnung
Von deinem einst verstummten Klang
Der nurmehr in mir singt

Abdrift

Ankerschnitzen, Dämmeritzen
Mit deinen Zehen, bloß
Meersalzschwitzen, Leiblossitzen
Auf einem Sandrohrfloß

So treibst du Seebärgarn entlang
An überraschten Zeilen
Das, was dir plötzlich wird zum Fang
Lässt sich, weiß Gott, nicht teilen

Die Kladde wird zum Abendmahl
Das ich im Kessel brate
Ein Jünger sein, zwei an der Zahl
Gemeinschaft, adäquate

Der Steg

Die Abendstunde schöpft den Steg
Aus Wellen, Winden, Wellen
Nur langsam steigt er auf, der Weg
Von dem wer, töricht, Unrat fegt
Um Sehnen einzufrieden

Die Abendfärbung schmückt den Steg
An Wellen, Linien, Wellen
Der aus den Fluten ragt, der Weg
Auf den wer, lachhaft, Blüten legt
Um Sehnen neu zu schmieden

Die finst're Nacht verschluckt den Steg
Ins Tintennichts, Gott weiß wohin
Als Schauerschimmern bleibt ein Weg
Den Mondeslicht wem, sinnend, legt
Sein Gang hätt' keinen Sinn

in mînem herzen minne

Beschämte Pflicht, zäh' tropfend, rinnend
An Daumen, Fingerkuppen, Flächen
Woll'n Schwurgeschwüre bitternd rächen
Die du gedeihen ließt

Ein Urgedicht, jäh sproßend, spinnend
Erwächst im sonst entsilbten Geist
Verwurzelt' Verse, die du schreist
Und der Kiel von sich wies:

in mînem herzen minne
von allem mînem sinne

September

Beileibe nicht

Beileibe nicht
Bin ich dir nah
Entleibe mich
So sei ich da

Im Kusse nicht
Glüht dein Gesicht
Im Schlusse mich
Der Kuss entflicht

Beileibe nicht
Ertast' ich dich
Entleibe mich
So sei nichts ich

Im Kusse nicht
Bin ich dir nah
Im Schlusse mich
Die Woge sah

Schenkel und Mulden

Silbensperre, Wortwehr – bloß Stille
Spiegle dich, endlich, so glänze doch, Wille
Im Fluchtziel von Blicken, die fest und weich
Uns schweigend auffordern zum Lippenstreich

Im Lakenwurf netzend und strömend und sinnend
Flutend und ballend und scheidend und rinnend
Im Tuchbach, Stoffschaum, Faltenreich

Kitzelkuppen, Schlagspiel – kurz Starre
Befreie dich, endlich, entfern' mich, erharre
Nicht dich, nicht mich, nicht nichts zugleich

Dann tastend ein Weilen an sehnenden Zeilen
An Ängsten und Mulden, an Schulden, zu heilen
Rühmendes, ruhendes Schenkelfleisch